그늘의 정체

김주완 시집

시인동네 시인선　021　　　　　　　김주완 시집

그늘의 정체

시인동네

시인의 말

   2008년 이후에 쓴 단시 중에서 75편을 묶는다.
   슬픔이 주조를 이룬다.
   생과 사물의 본질 해명에 대한 천착이나 유년의 풍경이 없는 것은 아니지만 그것들 역시 슬픔으로 노래되고 있다.
   슬픔의 또 다른 이름이 사랑이다.
   늙어서도 노래할 수밖에 없는 것이 사랑이라는 사실을 확인한다.
   사랑이 끝나는 날, 생도 끝날 것 같다.

   2014년 늦가을에
   김주완

그늘의 정체

시인의 말

차례　　　**제1부 그늘의 정체를 보았다**

도르래 · 13

돌밭 가는 길 5 · 14

일식하던 날 4 · 15

옹알이 1 · 16

식구 · 17

디딤돌 2 · 18

디딤돌 3 · 19

면천 · 20

잇몸 · 21

선잠 1 · 22

놀이에 들다 2 · 23

뼈대 있는 집 · 24

불빛 · 25

그늘의 정체를 보았다 2 · 26

나는 모른다 · 27

제2부 수양버들

꽃샘추위 1 · 31

개나리 3 · 32

벚꽃 · 33

제비꽃 3 · 34

아지랑이 3 · 35

봄비 1 · 36

개망초 4 · 37

꿈꾸는 화병 2 · 38

대못 2 · 39

대못 6 · 40

여백 3 · 41

수양버들 · 42

달맞이꽃 1 · 43

달맞이꽃 3 · 44

꽃과 열매의 거리 6 · 45

제3부 여치 소리

풀잎 1 · 49

남새밭에서 1 · 50

나팔꽃 1 · 51

나팔꽃 2 · 52

속 1 · 53

속 2 · 54

검색, 비공개 1 · 55

장맛비 · 56

우산 3 · 57

우산 4 · 58

자유, 그 쓸쓸한 풍경 · 59

여치 소리 1 · 60

다래끼 1 · 61

잠자리 1 · 62

침묵하는 바람 4 · 63

제4부 웃음과 사랑 사이에 끈이 있다

안개 • 67

천적 2 • 68

천적 3 • 69

눈총 1 • 70

추석달 • 71

가을밤에 찍는 느낌표 1 • 72

모래톱 3 • 73

가을 석양 4 • 74

가을 석양 5 • 75

가을 석양 6 • 76

웃음과 사랑 사이에 끈이 있다 • 77

적요의 빛깔 2 • 78

딱지 • 79

기도 9 • 80

빨래 2 • 81

제5부 별은 멀다

깍지 1 • 85

겨울나무 1 • 86

겨울나무 2 • 87

겨울강 5 • 88

제기차기 3 • 89

제기차기 7 • 90

겨울 일몰 5 • 91

신발 4 • 92

눈길 1 • 93

눈길 3 • 94

눈길 5 • 95

눈길 7 • 96

겨울 깊은 밤 2 • 97

강이 눈부시다 • 98

별은 멀다 • 99

해설 낭만적 발상과 시적 역발상
송희복(문학평론가·진주교대 교수) • 101

제1부 그늘의 정체를 보았다

도르래

나는 그저
제자리에서 돌 뿐인데

너희는
천형의 내 몸을 파고들어
푸른 살 깎으며
내려가고
올라가고

저 발칙한 꽃들의 개화를 어쩌겠는가

무심하게 돌아가는 세상을 어쩌겠는가

돌밭 가는 길 5

미끄러져도 밤마다 기어올랐다, 어둠 속에서 생손톱이 빠져나가고 몇 날 며칠 피가 흘렀다, 까마득한 침묵 속의 무심한 돌밭, 속의 여자

일식하던 날 4

남자가 입을 닫았다
깜깜한 침묵 속에 세상이 갇혔다
지렁이가 더듬거린다 사마귀가 느리게 버둥댄다
진화하는 원숭이의 성감대가 오슬오슬 돋아난다
파도가 된 바다가 거북이처럼 산을 기어오른다
뜨나 감으나 매양 한 가지인 눈(言)들을 뜨고

바위와 강이 부딪치며 옹알이를 하고 있다
돌아선 여자는 아직 보이지 않는다
혼절한 시간이 패대기쳐져 있다

옹알이 1

　최초의 말(言)은 알에서 나왔다지, 새의 품에 안겨서 동글동글 굴려지는 알, 껍질에 부딪치며 돌돌 소리 내는 안, 열고 나갈 바깥세상 궁금한 게지, 생명의 생성이란 그런 거야, 옹알옹알, 알 속은 답답해, 목젖까지 차오르는 무엇이 있는데, 입 안에서 맴도는데 나오질 않아, 풍선처럼 부풀어도 아직 터지지 않는 거야, 어미 새 딱딱한 부리로 콕 한 번 쪼아주면 껍질 깨고 쏘옥 내미는 새순 같은 부리, 혀에서 굴러 나오는 짹짹 소리, 너에게로 보내는 말인 거야, 세상 처음의 말은 옹알에서 나왔다지, 옹알, 짹

식구

한 남자와 한 여자가 만나
한 집에서 살았다
세 식구
네 식구
다섯 식구가 되어 한 집에서 살았다
다섯 식구가
두 집에서 살기 시작했다
세 집에서
네 집에서 살다가
다섯 식구가 다섯 집에서 살게 되었다

해마다 비가 왔고
벌어진 나뭇가지마다 제각각의 잎을 달았다
일부는 산으로 가고 있었다

디딤돌 2

가지에서 가지로
새들이 옮겨 앉는다,
포롱포롱한 변덕이
온종일이다

파르르
떨리는 나뭇가지들
물결처럼 머무는 디딤의
여운을 쉼 없이 털어내고 있다

디딤돌 3

나를 딛고
한 걸음 올라서야 하는데
미안하다,
돌 아닌 돌이어서
단단하지 못한
껍질뿐인 검은 허공이어서

面天

걸레와 행주와 타월을 한 솥에 삶았다
검푸른 걸레의 색물이 빠져나와 행주와 타월의 하얀 숨구멍
으로
배어들었다, 얼룩졌다
펄펄 끓는 솥 안에서
더럽고 어두운 색깔을 가래처럼 뱉어낸
걸레는 그날 그렇게 면천되었다, 반쯤만

잇몸

잇몸엔 뼈가 없다

대문, 송곳, 칼, 맷돌을 가지고 있어
요긴하게 그것들을 쓰기도 하지만,
일이 잘 풀리지 않는 날 밤이면
이를 간다
온몸이 아프도록
아작아작 밤새 칼을 간다, 맷돌을 돌린다

다음 날은 으레 바람이 들어
퉁퉁 부어오르는 잇몸
몸속의 몸
뼈 있는 몸속의 뼈 없는 몸

선잠 1

선잠 깨면
세상이 하얗게 낯설었다
나 혼자 외톨이가 된 것 같았다
막무가내로 울었다
달래고 달래도 그쳐지지 않던 울음,
울다가 죽도록 맞았다
까마득한
어린 시절, 딱 한 번
여름 한낮에

놀이에 들다 2

 강풍 경보나 미세먼지 주의보가 내린 날에는 당구장으로 간다, 빨강 노랑 하양 세 개의 당구알, 형광 불빛 아래 반짝이는 점점이 몽고반점도 선명한 심장, 나는 요염한 그대를 겨냥해 또르르 굴러간다, 쿠션에 은근슬쩍 몸을 부딪쳐 그대의 시선을 피하며, 붉은 심장을 향해 에둘러 접근한다, 꽃잎처럼 부드럽게 다가가 적중해야 하는데 번번이 빗나간다, 출발의 타점이 단호하지 못해서이다, 부드럽고 정확한 샷이어야 하는데, 힘을 빼는 데 십 년이 걸린다는데, 아직 멀었다, 반짝이는 그대는 온전히 거기 있고 그대를 접수하지 못한 나는 여전히 애를 태운다, 정복하지 못한 그대가 있어 경직된 채 서성이는 실연(失戀)의 놀이에 든다

뼈대 있는 집

 없어도 표 내지 않는 그 집, 싫어도 내색하지 않는 그 집, 아직도 갓 쓰고 쪽 지으며 사모관대 중매결혼만 고집하는 그 집, 큰 소리가 담을 넘지 않는, 제사만은 무슨 일이 있어도 지내는 그 집, 남편이 아내에게 존대하면서 아이들 성적이 나빠도 우애만을 강조하는 그 집, 삼대가 함께 살며 손때 묻은 족보를 까맣게 모셔 두는 그 집, 초가삼간 다 무너져 가는, 아직도 샘물 퍼다 먹는, 동네에 하나뿐인 그 집, 뼈대 있는 집

불빛

너에게로 간다
어둠 속에서 깜박이는 네가 있어
어디선가 두고 온 먼 슬픔이 있어
밤을 새워
나는 너에게로 간다

그늘의 정체를 보았다 2

　너의 맑은 눈을 보면 눈부시다, 그늘 깊은 나의 완강한 어둠, 그늘 없는 네 눈빛이 밀어낸다, 번갯불 번쩍이는 찰나, 사라지는 그늘의 정체를 하얗게 보았다

나는 모른다

연이 떠간다, 끈 떨어진 연이 너울너울 공중에 떠간다, 나는 모른다, 너는 거기 남고 나는 이리 떠도는데 남남인 우리를 나는 모른다, 어디로 가는지 나는 모른다, 어떻게 갈지도 나는 모른다

제2부 수양버들

꽃샘추위 1

그래 그래
너 돌아왔구나
이 환장할 봄날
치맛자락 들썩이며
울긋불긋 꽃순 쏟아내는
네 여편네 화냥기
싹둑 잘라내려고
벼린 단검 품에 품고
형형한 눈 번뜩이며
너 돌아왔구나
그래 그래

개나리 3

개나리 덤불 들치면 된장냄새 구수히 날 것 같다, 몸속에 품어 키우는 가시가 스멀스멀 기어 나올 것 같다, 이엉지붕 아래선 살찐 굼벵이도 구물구물 뒤척이고 있을 것이다, 토종이란 토종들은 모두 다 그 안에 있는 것 같다

싸하니 싸리 울타리를 빠져나가 동네 골목 황톳길로 나서는 양지쪽 빛살들도 노랗게 물들어 있다, 이 땅에 누워 이 땅의 희망으로 피어오르는 저 작은 함성들, 소리 없이 외쳐대는 저 무수한 소리들, 아득한 들판을 채우고 있다

벚꽃

 수많은 여인들이 한꺼번에 몰려나와 환하게 웃고 있습니다. 눈부시게 아름다운 날입니다. 희다 못해 푸른빛이 도는 저 살결 너무 고와 차마 손대지 못하겠습니다. 똑바로 쳐다보지 못하겠습니다. 사람마다 한때는 저런 사람 있었겠지요.

제비꽃 3

어느 새의 발자국이 저리 고운가, 긴 강 언덕에 자욱한 흔적,
점점한 제비꽃 군락, 보랏빛 몸살 앓고 있다

아지랑이 3

언 땅 풀리면서 온몸에 열난다, 들길 가물거리고 먼 산 어른 댄다, 너른 들판에 가려움증이 돌고 있나, 아질아질 속이 울렁거려 토할 것 같은데, 잠은 또 왜 이리 쏟아지나, 꽃멀미 나는 봄 한철, 세상이 곤하다

봄비 1

봄비는 기척도 없이 혼자서 온다
속살 얇은 벚꽃잎 쓰다듬으러
쓰다듬다가 도르르 굴러 떨어지려고
산지사방 흩날리는 라일락 향기를
낮게 쓸어 모아 흘려보내려
흐르고 흘러 시궁창까지 스며들게 하려고
오다가 힘 빠지면 쉴
연보라 등꽃 주저리에 거처 정하려고
바람을 떼어놓고 소리도 벗어난 채
봄비는 숨었던 연인처럼 사르시 온다

개망초 4

반촌에 망초꽃 피고
민촌에 개망초꽃 핀다
때깔 좋고 키 큰 망초꽃
저기서 필 때
파리하고 키 낮은 개망초꽃
여기서 핀다

성 밖, 산이나 들로
백성들은 언제나 밀려나곤 했다
살림살이가 곤해도
여기저기, 옹기종기 모여서
부황 든 얼굴에
창백한 미소 짓고 있었다

양반네가 아니라
오랑캐가 망하기를 바라고 있었다

꿈꾸는 화병 2

내 다리 내놔라, 내 다리 내놔라
노랑 저고리의 젊은 아낙네
머리 산발하고 저만큼 쫓아오는데
오금은 얼어붙고 간만 졸이던
악몽 속의 막다른 골목

나는 왜 수선화를 들였을까
그냥 그대로 빈 호수로 있을 것을

대못 2

내 생살 뚫고 들어올 땐 아팠습니다
빗물이 한사코 유리창에 붙어 미끄러져 내리는 밤
못을 타고 흐르던 피가 금세 굳었지요
갈비뼈 사이를 파고드는 화살이었을까요
그날, 대못도 상처를 입었나 봅니다
살 속에 박힌 채로 녹이 슬어 내 피를 빨아먹던 흡충,
더운 피가 대못 속으로 드나들면서
어느새 우리는 하나가 되었습니다
빼내지 못하는 아픔으로
미련스런 기억으로 함께 기생하며 살았습니다.
둘은 손잡고 하나가 되었습니다

대못 6

농익은 봄날 마른하늘에 번개 친다
하얗게 달구어진 무쇠, 대못 하나
방울뱀의 꼬리처럼 허공을 파고든다
칙칙 하얀 김을 뿜어 올리며
시커먼 증기기관차가 땅바닥을 훑으며 기어간다
우두둑, 순간에 찢어지던 유록빛 천지

뒷집 사내와 야반도주한 달래 년, 영영 돌아오지 않았다

여백 3

꽃 지던 날 여백 하나 생겼다
나뭇가지에,
슬픔 같은 물기 젖는다
한 생(生)이 흔적 없이 빠져나간 그 자리
빈 여백, 눈물겨운 허망이
멀고 긴
깜깜한 협곡이다

수양버들

허리 긴 오월
간들간들
물가에 나부끼는
저 낭창
어쩌면 좋니

내가 죽지, 내가 죽어

달맞이꽃 1

시든 채 긴 낮 죽은 듯이 보내도
달 뜨면 맞을 수 있어
좋겠다
어둠 아래 노랗게 수줍은 몸
한껏 열 수 있어서
좋겠다
깊은 밤, 달맞이꽃
꽃잎 속에 달덩이 품어 안고
숨찬 허리 자꾸 구부러진다

달맞이꽃 3

중천(中天)에 달 뜨면
몸집 불려 달뜬 달맞이꽃
불쑥 들어선다
허연 달의 몸속 깊숙이 빠져
놀란 밤새 한 마리 저만치
저 혼자 푸덕거린다

꽃과 열매의 거리 6

지척이다

천리, 만리이다

제3부 여치 소리

풀잎 1

아침마다 내가 싱싱해지는 것은
밤새 누가 다녀가기 때문이다
어둠 속으로 은밀히 와서
말없이 머물다 가는 조용한 사람
맑은 눈물 소복이 남기기 때문이다
그 눈물 자륵자륵 내 핏줄로 흐르고
남아 맺힌 낙루(落淚) 몇 방울 반짝이기 때문이다

남새밭에서 1

볕에 살이 있다
남새밭으로 쏟아지는
사금파리처럼 날카롭고
따가운 볕살

상추도 쑥갓도 살을 맞아
몸을 비틀면서 자란다
온몸에 살이 꽂힌 오이는
전신을 배배 꼬면서 길어진다

초여름 점심 풋고추를 따러 나간
아낙의 등에도
한가득 내리꽂히는 뙤약볕의 화살

따끼따끼한 통증에 땀방울이 솟아
씨방 같은 가슴으로 터져 오르는 한숨
마음을 후비는 살의 발작 뜨거운
남새밭

나팔꽃 1

가파른 외줄을 타고 밤새워 올라왔는데
살이 파이도록 감고 감으며 올랐는데
뽀샤시한 얼굴 활짝 열고
이른 새벽부터 환하게 기다렸는데
부~부~ 소리 없는 나팔 불며 신이 났는데
막상 그대 오시면
펄펄 끓는 불덩이로 다가오시면
나는 배배 시들고 마네요
사랑 한번 제대로 하지도 못한 채
초라한 몰골이 되어버리네요

나팔꽃 2

굳이 유혹하지 않아도
가슴 저린 빛깔이다
아침 이른 산들바람에
온몸 바르르 떨며
갸웃이 고개 내밀어
천치처럼 말갛게 웃는
눈물겹게 가련한 얼굴이다
다 놓아버리고
사랑해도 좋을 여자,
잘록하게 고무줄 맨 통치마
보얗게 부풀려 활짝 펼치는
애잔한 여자
차마 다가서지 못할 기품이다

속 1

눈이 부셔서
눈이 부셔서
속 보이고 말았습니다,
아찔한 현기증으로
나팔꽃잎 벌어지는
여름날 아침

속 2

속에 불났다
네가 남기고 간 다홍빛
미소 한 잎이 불꽃 일구었다
나는 활활 타는데
죽을지도 모르는데
네가 물이다
천리 밖에 있는 네가 물이다

검색, 비공개 1

 긴 낮 저물 즈음, 유월 강바람 한 줄기 불어와 얼굴을 덮쳤다, 주린 코를 가득 메우는 분꽃 같은 모성, 어머니, 젖내 나는 어머니의 강으로 초승달 쪽배 떠간다, 혼자 온 먼 길 후려치는 저 소리, 섬으로 앉은 왜관 소공원, 깊은 잠을 깨우며 부르는 소리 절절한데, 맑고 은근한 현호색, 꽁지 긴 물새를 찾아 강으로 나간다, 그러나 둑마루 아래, 저문 강은 절벽이다, 완고한 침묵이다, 세상에, 어머니는 없다

장맛비

  비 온다, 7월 초순 장맛비 온다 우산 든 사람 하나 둑마룻길 간다 강을 내려다보면 맑고 깊은 어느 날의 허공이 웃는다 서늘한 허공에 빠져죽은 젊은 사람 병색 완연한 얼굴이 빗줄기 사이로 들어선다 물가에 쪼그리고 앉은 뒷모습 푸른 여자 아직 그대로 있다 젖은 개망초꽃은 벙어리다 냉가슴이다 비 오고, 또 비 오는 사이 저만큼 가버린 봄날

우산 3

문득 빗줄기 사선으로 내리꽂히고
바람 사납게 몰아치는 날
벽이 없는 우산은 금세 뒤집혀진다
화가 치미는 좁은 소갈머리처럼
확 뒤집어 죄다 내보이는 부끄러운 속

우산 4

나무의 가지가 되고 잎이 되어
말없는 산속에서 하염없이 기다리는 어머니
봄이면 철쭉 저린 꽃을 피우며 애간장이 마르더니
장맛비 철철 퍼붓는 진날이 되자
잿물 들인 치맛자락 활짝 펴시어
저 비 피해가라
궂은 날을 받쳐주는 느타리버섯

자유, 그 쓸쓸한 풍경

비 오는 여름날 정오에 강을 바라본다
강물이 구물구물 흘러가고 있다
눈을 감는다
그래도 비는 오고 강물은 멈춘 듯이 흘러간다
감자 두 알을 삶는다
하나는 점심때 먹고
남은 하나는 저녁에 먹어야지, 해보는 생각
집 떠나 혼자 사는 집
감자 익는 냄새가 나는 주방, 창유리에
빗줄기 줄줄 흘러내린다
자유가 낮은 곳으로 달려가고 있다

여치 소리 1

저 소리
책갈피에 끼워
여우고개 달려 내리는
어린 소녀에게 부쳐야겠다

찌르르, 찌르르

등에 멘 책가방에 담겨
물결처럼 찰방거리며 푸른 물이 들면
여름밤 멱 감으러 나가는
낙동강 은모래에 와르르 달빛처럼 부려놓게

조금 남은 떨림은
찌르르, 찌르르
솟아오르는 그녀 가슴에 담아놔도 좋지

다래끼 1

먼 길 떠나는 사람
고운 모습 잊지 않으려고
눈 속에 꼭꼭 담았다
눈물에 짓이기며 눌러 담았다

신열이 올랐는가
빨갛게 부풀어 오른
석류꽃 하나,
며칠을 욱신거린다

그리움 한 다래끼
짓무른 마음의
피고름 한 다래끼

잠자리 1

팔월,
고추잠자리 한 마리
방충망 바깥에 와서 앉는다
예보된 집중호우 잠시 비켜 가라고
슬며시 창을 열어주자
화들짝 놀라 저 아래로
살같이 날아 내린다
아득한 거리로 밀려나는
놈과 나의 불통(不通)

침묵하는 바람 4

갈대밭이 조용하다
서걱대는 소리가 들리지 않는다
외롭지 않은가 보다
서럽지도 않은가 보다

새는 아예 둥지를 틀지 않았을까
물오리는 잠이 들었을까
적막한 정적이 머물러 있다

마른 대궁 사이에 누가 숨어 있는가
죽은 듯이 엎드려 있는 바람은
외로움에 겨워 혼절하였는가
서러움에 못내 기함하였는가

제4부 웃음과 사랑 사이에 끈이 있다

안개

있을 텐데,
네 속 어딘가에
내가 있을 텐데

집 나간 나는 돌아오지 않는다

이 갑갑한 오리무중
나는 실종되고
너는 포기된다

목화꽃 떨어지면
다래는 갈수록 숨이 막힌다

천적 2

나는 나비에게 먹힌다
꽃잎을 난자한 바람의 숙명,
잠시
영면 같은 잠 쏟아진다

천적 3

땅으로 내려온 푸른 하늘에
손을 넣었다
해변이 내려다보이는 둘레길
화들짝 전쟁 같은 뜨거움 인다
나는 너의 적이 아니라고
말하는 적, 사랑 근처에서
하늘이 푸르게 젖고 있다

눈총 1

주면 주는 대로 받아야지요

쏘면 쏘는 대로 맞아야지요

키 높은 옥수수 밭 속으로
숨어들던 도화살

청상의 신세

추석 달

엄지와 검지로 가를 꼭꼭 눌러
중년의 어머니는
둥글게 둥글게 송편을 빚었다
송편 한가운데
검지와 중지 끝을 꼬옥 눌러
가지런한 분화구를 만들었다
바람 피해 의탁할 수 있는
안온한 둥지,

어머니 이승 뜨시고
그 송편 보얗게
밤하늘에 떴다,
밤길 넘어질라 밝히고 있다

가을밤에 찍는 느낌표 1

가지고 싶은 단풍잎이
꽃뱀처럼 어둠 속을 빠져나가고
검은 숲에서 담배 한 개비 불을 붙였다
검지와 중지 사이
빨갛게 불꽃으로 타들어가는
느낌표 하나, 반짝
숲의 어두운 몸에 구멍이 뚫린다

모래톱 3

동백기름 자르르 바른
어머니 쪽진 머리채
가르마를 타던
반달 같은 얼레빗이
둥글게 누워 있다,
녹색 치맛자락 기다랗게
펼쳐놓은 낙동강가
모래톱

가을 석양 4

봄과 여름을 지나온 우리는 강으로 내려가 모래사장을 걸었다, 꽃분홍 낭자한 서녘 하늘 한 조각 잘라내어 팔랑팔랑 흔들면서 웃었다, 각자의 집을 향해 돌아올 때쯤 차곡차곡 접어 속주머니 깊이 넣어서 왔다

가을 석양 5

붉은 물봉숭아꽃같이
서럽게 고와서
잠깐이다

마지막 사랑은 그리 짧은 것을

이제, 겨울은 길 것이다

가을 석양 6

 거둘 것이 없어 나를 태운다, 약한 불에 타닥타닥 볶아 태운다, 동백나무 숲을 떠나온 동박새 한 마리, 써늘한 가을 저녁, 뾰족한 부리로 서녘 하늘을 찢으며 날아간다

웃음과 사랑 사이에 끈이 있다

바위채송화가 웃지 않는 것을 본 적이 없다
바위채송화가 버림받는 것,
사랑받지 않는 것을 본 적이 없다
산속 바위틈에 절로 피는
웃음과 사랑 사이에 끈이 있다
보이지 않지만 끊어지지 않는 끈이 있다

적요의 빛깔 2

　아지랑이도 아닌 것이, 별도 아닌 것이, 백주대낮에 아지랑이처럼 별처럼, 강, 가의 둑마룻길, 위의 벤치에 앉아서 보는, 눈앞에서 아른대는, 저 무량한 현기증, 영롱한 색색, 골목 끝 점집, 처녀보살의 눈에서 나오던 형형한 신기, 푸름도 아니고 붉음도 아닌 빛깔, 삭제되어 휴지통으로 들어가는, 사물, 사물들의 숙연한 몸부림, 벗지 못하고 강을 건너, 홀로 가는 길, 길 위에서 아른거리는 소음의 휘발

딱지

한 생을 살고 나면 누구든 모과나무가 됩니다

파이고 찢기고 부러진 곳에 딱지 앉고
문둥이 손처럼 뭉텅뭉텅 옹두리가 남아
속 깊이 험한 바람을 재우고
천둥 치고 비 오던 밤을 가두며
고단한 열매를 툭툭 떨어뜨리는 모과나무
단단한 침묵이 됩니다

누구든 한 생을 살고 나면
겨울나는 모과나무의 떨어지지 않는
그늘딱지가 됩니다

기도 9

뒤돌아보지 않으며
빈 골목을 빠져나가는 바람처럼
바람에 실려 굴러가는 낙엽처럼
가을 저녁에 홀연히 떠난 사람이
휴지처럼 버리고 간 날들을 위해
기도합니다

기도 안에서 버려져
부서진 날들이라도 남아주기를
바라는 기도,
떠난 자를 위하여
남은 자가 할 수 있는 일
그것뿐입니다

빨래 2

깜깜한 밤 검은 강에서 검은 빨래를 하였네
눈대중이 아니라 손어림으로 하였네
얼룩져 부끄러운 속옷 같은 날들
헝클어진 세월을 푹 푹 삶아 빨았네
마음 하나 내보내려 빠는 것인데
차마 깊은 때 몇 점은 남겨지고 말았네
물살에 생(生)을 담그고 물결 따라 흔들리면 되는 것인데
아무도 용서할 사람이 없어
나는 마침내 나의 구원을 포기하였네,
깡그리 어제를 뭉개버려도
깊은 때 몇 점은 끝까지 저절로 남아 있었네

제5부 별은 멀다

깍지 1

알맹이는 다 털어주고
빈 몸으로
안방 아궁이에서
타닥타닥
소신공양(燒身供養) 하고 있는
마른 콩깍지,
건넌방 시렁에선 메주 뜨는데

겨울나무 1

화장기 없는 그녀 민얼굴 사랑하지 않을 수 없네, 도화살(桃花煞)도 홍염살(紅艷煞)도 벗어버리고 맨몸으로 눈보라 맞는 그녀 영혼 사랑하지 않을 수 없네, 가련하기 때문이네, 벌 받고 서 있는 모습 불쌍하기 때문이네, 잘못들 모두 다 내게 있기 때문이네

겨울나무 2

 새는 이제 오지 않는다 보얗게 밤을 새우며 고이 받아든 눈송이 가지마다 가득한데 기다리는 새는 종일토록 오지 않는다 늦은 저녁 때 바람 한 줄기 가만히 다가와 잔가지 눈가루 포실포실 흩날려도 기다리는 새는 오지 않는다 새발 타투* 하나 파랗게 찍히고 싶은데 날이 저문다

---

*타투(Tattoo) : 문신(文身)

겨울 강 5

꽝꽝 얼어붙은 저 강 건넌 적이 있다
머리 귀 얼굴 모두 무명목도리로 둘둘 감고
모래 뿌려 내놓은 길을 따라
까치걸음으로 건너던 유년,
푸른 얼음장 아래로 뭉글대던 물방울이
자꾸 어지러웠다, 무서웠다
멀리서부터 천천히 울렁거리던 얼음판은
건너편 산봉우리를 흐늘흐늘 흔들고 있었다
가도 가도 아득하게 남아 있던 얼음 길
조마조마한 빙등(氷䗶)은 길고 멀었다

제기차기 3

내가 툭툭 뱉어버린 말〔言〕
잠시 뒤에 내게로 되돌아옵니다

나를 던져주세요
나비처럼 날아올랐다가
꽃잎처럼 떨어지며
당신을 기억할게요, 처음인 곳을요

기억은 보복이며
제자리로 돌려주는 힘입니다

제기차기 7

녹다 만 겨울 눈밭에서
작은 은어 한 마리 튀어 오른다

바닥으로 떨어지다가
다시 뛰어오르며
나비같이 나풀거리거나
새처럼 폴짝거린다

겨울 한가운데 실금이 생기면서
어렴풋하게
봄이 오는 소리, 멀리서 다가온다

겨울 일몰 5

화르르 타오르며 꺼져가는 저 불길
아름답다
차갑고 깜깜한 어둠
밀물처럼 몰아오기 때문이다
까맣게
지상의 모든 것 하나같이 감싸 안기에
부끄럽고 더럽고 사악한 것들
남루한 기억들 모두 다 묻어버리기에
꽁꽁 얼려 꼼짝 못하게 가두어버리기에
저 어둠, 저리 아름답고 몽롱하다

신발 4

샛강 모래사장에 얇게 첫눈 내렸다, 대설대처럼 가늘고 긴 분홍빛 다리의 장다리물떼새 걸어간다, 점, 점, 점, 낙관 찍듯, 사박사박 발자국 남기며 간다, 길 잃고 불시착한 겨울 강가, 신발도 신지 않고 길 아닌 길을 가며 한사코 남기는 흔적, 바람 한번 불면 스러질 것인데, 그래도, 신발 없이 남기는 맨발의 그 자국, 처연하다

눈길 1

눈 가는 길 따라
마음이 간다

하얗게 서리 내린
늦가을 아침
긴 꽃대 위에 노란
대국 한 송이 피었다

밤새
누가 와서
뜨거운 눈길 한번
주고 간 게 분명하다

눈길 3

일찍 핀 꽃이 먼저 시든다

먼저 당도한 새는
제철을 보내고 이미 떠났다

내가 처음으로 보낸 눈길
미처 회수하기도 전에
스러져버렸다

꽃필 때가 좋았다

눈길 5

누구든 그런 때가 있었다

뽀득뽀득 그 길 밟으며
처음으로 당신 오시기를 기다려
묵은 겉옷 벗고
소리 없이 내놓던 순백의 눈길

눈길 7

겨울 가운데서
큰 일 하나 일어난 것인가
산과 들이 온통 소복으로 갈아입었다
햇살 받아 조금씩 반짝이는 슬픔의 빛깔이 옥색이다
검은 옷을 입은 새들이 걸어간다
하얀 천지에 하얀 길을 내면서 간다
분주한 걸음들이 음각의 낙관으로 자박자박 찍혀지고
방명록에 쓰인 신발 무늬가 돋을새김으로 이어진다

주린 까마귀들이 비명소리를 지르며 둥지를 떠나면
대지진이 온다고 사람들이 떨고 있었다
폭설은 희미한 시야 밖에서 푹푹 쏟아지고
겨우내 문풍지가 바람에 울고 있었다

겨울 깊은 밤 2

 한두 번 죽었다가 살아난다고 해서 얻을 수 있는 창공은 없다, 툰드라의 애벌레는 온몸이 얼었다 녹았다를 열두 해 되풀이해야 나방이 된다, 고치를 짓고 우화(羽化)를 하고 버둥거리다가 마침내 날아오른다, 겨울밤도 깊으려면 한 열두 번은 더 지나야 하는 것, 한 번도 죽지 않은 자, 죽었다가 살아나 보지 못한 자, 그대들은 아직 멀고도 멀었다, 한참 멀었다

강이 눈부시다

한겨울 오후 4시, 태양은 160도로 기울고
동쪽에 서서 서쪽을 바라보는 사람의 눈에는
강의 전신이
툭툭 물방울 튀는 잉어의 비늘처럼 반짝인다
꿈틀거리는, 저 찬란한 광휘
눈뜬 채 바라볼 수 없어
서 있던 자는 앉고 앉은 자는 마침내 드러눕는다
거기가 어딘지 아무도 몰라
꿈꾸는 서쪽을 가로막는 저 강
몸은 건너지 못하지
아지랑이보다 가벼운 영혼만 하얀 나비처럼 건너가지

강의 몸이 깜깜해지면
뜨겁게 육신을 태운 자만이 건널 수 있는
저 강
한겨울 저녁때, 그러나 지금은 눈부시다
아찔하게 풍만하다

별은 멀다

그 사람은 그런 사람이고
저 사람은 저런 사람이며
이 사람은 이런 사람인 것을

어쩌겠는가

고개 젖히고 올려다보는
겨울 밤하늘
없는 듯이 있는
별 몇 개
멀다

해설

낭만적 발상과 시적 역발상

송희복(문학평론가·진주교대 교수)

　서정시가 죽은 시대라고 한다. 현대시에 있어서 서정시의 위상은 언제나 유치하고 천박한 것에 지나지 않는 거라고 본다. 서정시가 감정 중심의 언어로 기울여져 있기 때문일까? 그러면 그 반대편에 놓인 이성 중심의 시정신은 또 어떠한가? 주지적인 형태의 실험시, 과격한 구호 같은 정치시도 우리는 역사적인 경험에 따라 많이 보아오지 않았던가? 실험적인 것이 지적인 것으로 포장되고, 정치가 사람을 살판나게 하는 게 아니라 '죽을 판'으로 잘못 이끄는 경우도 있지 않았나? 나는 시의 기본과 품새를 서정시에 있다고 믿어 의심치 않는 사람이다. 이런 점에서 볼 때, 나는 김주완의 시에 대해 각별히도 친화적인 감정을 함께하고 있다.

김주완의 시집 『그늘의 정체』를 볼 때 단박에 느낌이 전해오는 것이 있다. 다름 아니라, 순환하는 계절의 감각이 단연 빛이 나 보이는 시집이란 것이다. 이 시집의 전체적인 구성을 볼 때 비교적 뚜렷이 보이는 이미지라는 것은 봄과 여름과 가을과 겨울로 이어지는 순환적인 사계의 이야기라는 점이다. 그의 시집에는 계절마다 독특한 예술적인 취향을 나타내온 동아시아적인 기승전결식의 순환 감각이 있다. 봄이면 봄, 여름이면 여름, 가을이면 가을, 겨울이면 겨울……. 한 부분을 잘라내어서 극화된 감정을 절제 있게 얘기한다는 것은 서정시로선 언어의 돋을새김을 드러내는 것이라고 생각된다. 여기에 시인의 선적(禪的) 취향이 반영되어 있는 것은 두말할 나위도 없을 것이다. 선적 취향이란, 다름이 아니라 사물에 대한 일종의 역발상이다. 이러한 관점에서 볼 때, 김주완의 이번 시집은 우리나라의 옛시조나 일본의 전통 단카(短歌)와 같이 동양적인 서정시의 품격을 유지하는 전통시의 계보에 포함될 수도 있다.

    그래 그래
    너 돌아왔구나
    이 환장할 봄날
    치맛자락 들썩이며
    울긋불긋 꽃순 쏟아내는
    네 여편네 화냥기

싹둑 잘라내려고
벼린 단검 품에 품고
형형한 눈 번뜩이며
너 돌아왔구나
그래 그래

—「꽃샘추위 1」 전문

꽃샘이란, 우리나라 사람들만이 사용하는 관습적인 비유의 표현이다. 꽃이 피는 걸 시샘해서 부는 바람이나 추위를 말하는 것인데 그 자체로 시적인 표현이다. 비록 죽은 은유이긴 하지만, 나는 이 말을 들을 때마다 아름다움을 느끼곤 한다. 이 시에서 '환장'이란 말이 재미있다. 눈이 뒤집힌다는 것보다 강한 표현이다. 환장(換腸)은 눈이 뒤집히는 게 아니라 오장육부가 뒤집히는 거다. 이 말과 잘 호응하는 건 "네 여편네 화냥기/싹둑 잘라내려고"라는 표현이다. 꽃샘추위가 이미 의인법인데, 여기에서는 두 겹의 의인화를 지향하고 있다.

시편「꽃샘추위 1」은 만연체의 단형시이다. 만연과 단형은 서로 모순되는 개념이다. 이 시는 제3행과 제8행까지 한 문장을 구성하고 있다. 복잡한 한 문장으로 하고 싶은 말을 다 하고 있는 셈이다. 이와 같이 모순적이고 복문(複文) 지향적인 표현 방식은 김주완의 이번 시집에서 되풀이되고 있다. 그 대표적인 사례가「봄비 1」이 아닌가 한다. 물론 이 시를 굳이 인용하지 않겠지만, 단형시를 추구하면서도 복잡한 구문을 지향한 이 시는 '쓰다듬다'와 '스며들다'의 대위 방식을 통해 봄비의 지닐성을 잘 표현하고 있다. 다음의 시편을 살펴보자.

> 수많은 여인들이 한꺼번에 몰려나와 환하게 웃고 있습니다. 눈부시게 아름다운 날입니다. 희다 못해 푸른빛이 도는 저 살결 너무 고와 차마 손대지 못하겠습니다. 사람마다 한때는 저런 사람 있었겠지요.
> ―「벚꽃」 전문

보다시피 매우 감각적인 시다. 첫 문장부터 화려한 은유의 기상(奇想)을 보여준다. 쉽게 생각해낼 수 없는 역발상의 극치다. 똑바로 쳐다보지 못할 정도로 아름다운 건 아이러니가 아닌가. 일종의 낭만적인 아이러니와 같은 것이다. 노발리스(Novalis) 같은 독일 시에 있어서의 '낭만적 아이러니'는 언어를 통해 파괴와 생성을 거듭하는 원리로 작용한다. "사람마다 한때는 저런 사람 있었겠지요." 이 미묘한 표현 속에 '낭만적 아이러니'의 미묘함이 있지 않을까. 두 번째로 적시된 사람은, 다름 아니라, 꽃같이 젊은 시절의 '사람'이다. 파괴와 생성을 거듭하는 순환성의 원리를, 시인은 벚꽃의 만개(滿開)에서 찾는다. 이 시를 읽다 보면, "세계는 낭만화되어야 한다"라는 명제를 우리로 하여금 되새김질하게 한다.

볕에 살이 있다
남새밭으로 쏟아지는
사금파리처럼 날카롭고
따가운 볕살

상추도 쑥갓도 살을 맞아
몸을 비틀면서 자란다
온몸에 살이 꽂힌 오이는
전신을 배배 꼬면서 길어진다

초여름 점심 풋고추를 따러 나간
아낙의 등에도
한가득 내리꽂히는 뙤약볕의 화살

따끼따끼한 통증에 땀방울이 솟아
씨방 같은 가슴으로 터져 오르는 한숨
마음을 후비는 살의 발작 뜨거운
남새밭

—「남새밭에서 1」전문

여름은 만물을 키우는 계절이다. 이 시는 여름날 뜨거운 볕살의 이미지를 잘 표현함으로써 왕성한 생명력의 기분, 후덥지근

하면서도 건강한 계절의 느낌을 잘 살려내고 있다. 날카롭고 따가운 볕살, 살을 맞는 남새, 뙤약볕의 화살, 마음 후비는 살의 발작······. 살은 성장을 촉진하는 힘의 원천이 된다. 분위기 있는 계절감 하나로 시가 되는 좋은 시이다. 채소 혹은 야채의 토박이말인 '남새'라는 시어도 매우 정겹다. 이 낱말은 한때 경상 방언으로 쓰였지만, 지금은 전국적으로 거의 사어화(死語化)되었다. 이것의 고형(古形)은 옛말 '나마새'다. 여름에 관한 소재의 시라면, 여름 꽃을 빼놓을 수 없을 것이다.

> 시든 채 긴 낮 죽은 듯이 보내도
> 달 뜨면 맞을 수 있어
> 좋겠다
> 어둠 아래 노랗게 수줍은 몸
> 한껏 열 수 있어서
> 좋겠다
> 깊은 밤, 달맞이꽃
> 꽃잎 속에 달덩이 품어 안고
> 숨찬 허리 자꾸 구부러진다
> ─「달맞이꽃 1」 전문

눈이 부셔서
눈이 부셔서

속 보이고 말았습니다,
아찔한 현기증으로
나팔꽃잎 벌어지는
여름날 아침

— 「속 1」 전문

 여름 꽃으로 잘 알려진 달맞이꽃과 나팔꽃을 소재로 한 시편들이다. 먼저 달맞이꽃을 노래한 앞의 시를 보자. 잘 알다시피, 달맞이꽃은 저녁에 피었다가 아침에 시드는 노란 꽃, 7월에 피는 성하(盛夏)의 꽃이다. 꽃이 달을 맞이한다는 것은 일종의 동기감응이다. 동기감응은 서정시의 고유한 원리이다. 자아와 세계가 기막히게 합치되는 그 순간에 서정시의 꽃 한 송이가 탄생하는 것이다. 많은 사람들이 이 탄생의 원리를 이야기했다. 말라르메는 만물조응이라고 했고, 조지훈은 우주 생명의 본질이라고 했다. 바슐라르는 "꽃이 몸을 열면, 세계도 몸을 연다"라는 경구를 남기기도 했다. 요컨대, 꽃과 달은 관계의 그물망을 형성하고 있다.
 나팔꽃을 노래한 두 번째 시. 앞의 시처럼 동기감응의 시적 이치가 스며 있다. 나팔꽃은 눈이 부셔 속 보이다가 '홀황'의 순간에 마음 깊숙한 곳까지 비추어진다. 이 시에서 말하는 "아찔한 현기증"은 화자의 감정 상태를 극화한 표현이다. 이를 아름다운 우리말로 표현하자면 '꽃 멀미'다. 꽃의 아름다운 모습이나 진한 향기에 취하여 일어나는 어지러운 중세이다. 꽃 멀미는 서정시의 황홀경이기도 하다.

> 엄지와 검지로 가를 꼭꼭 눌러
> 중년의 어머니는
> 둥글게 둥글게 송편을 빚었다
> 송편 한가운데
> 검지와 중지 끝을 꼬옥 눌러
> 가지런한 분화구를 만들었다
> 바람 피해 의탁할 수 있는
> 안온한 둥지,
>
> 어머니 이승 뜨시고
> 그 송편 보얗게
> 밤하늘에 떴다,
> 밤길 넘어질라 밝히고 있다
>
> ─「추석 달」전문

시적 화자의 추억의 세계는 송편과, 송편처럼 생긴 추석달을 통해 곱게 곱게 언어의 수(繡)가 놓이고 있다. 화자에게 있어서는 어릴 때 어머니가 빚었던 송편이야말로 이제 어머니의 혼백으로 뜨는 추석달이 된다. 이것은 과거의 추억이 현재화(顯在

化)된 물상으로서 초월적인 언어의 주력(呪力) 같은 것을 지닌다. 아무튼, 이 시를 볼 때 세상은 혼연일체가 된 관계의 그물망을 이루고 있음을 감지하게 한다.

> 가지고 싶은 단풍잎이
> 꽃뱀처럼 어둠 속을 빠져나가고
> 검은 숲에서 담배 한 개비 불을 붙였다
> 검지와 중지 사이
> 빨갛게 불꽃으로 타들어가는
> 느낌표 하나, 반짝
> 숲의 어두운 몸에 구멍이 뚫린다
> ―「가을밤에 찍는 느낌표 1」 전문

이 시의 소재는 본디 자연의 인화(燐火) 현상을 말하고 있는 게 아닌가 한다. 가을밤에 찍는 느낌표 하나가 단풍잎이 변형한 결과였다는 건, 시인의 상상력이 매우 낭만적인 발상에 근거하고 있음을 말해준다. 이 반짝거리는 느낌표 하나는 반딧불이라고 해도 좋고, 속신적(俗信的)적인 의미의 도깨비불이거나, 신비감이 적이 감도는 혼불로 연상해도 무방하다. 과학기술적인 차원에서 볼 때, 도깨비불은 밤에 들판이나 강둑 근처에 불빛이 명멸하는 현상이다. 혼불이란, 과학기술적으로 설명될 수 없는 것이다. 옛날 호남 지역의 사람들은 사람이 죽기 얼마 전에 혼이 몸에서 빠져나간다고 믿었다. 그 혼은 종발만 한 크기의, 맑고 푸르스름한 빛을 띤다고 여겼다.

> 한 생을 살고 나면 누구든 모과나무가 됩니다
>
> 파이고 찢기고 부러진 곳에 딱지 앉고
> 문둥이 손처럼 뭉텅뭉텅 옹두리가 남아
> 그 속 깊이 험한 바람을 재우고
> 천둥 치고 비 오던 밤을 가두며
> 고단한 열매를 툭툭 떨어뜨리는 모과나무
> 단단한 침묵이 됩니다
>
> 누구든 한 생을 살고 나면
> 겨울나는 모과나무의 떨어지지 않는
> 그늘딱지가 됩니다
> ─「딱지」 전문

이 시는 '겨울나는 모과나무'의 시적인 속성을 노래한 것이다. 물론 시인의 상상력은 삶의 경험과 자장(磁場)에서 얻어진 절실한 것이 된다. 겨울은 결실된 것을 저장하는 시간의 상징성을 가진다. 시상은 딱지, 옹두리, 모과나무의 단단한 침묵, 겨울나는 모과나무의 떨어지지 않는 그늘딱지로 점층화된다.

여기에서 우리말 공부가 좀 필요하다. 딱지는 잘 알듯이, 상처의 자리에 생긴 껍질이다. 옹두리는 알 듯 말 듯한 시어다. "나뭇가지가 부러지거나 상한 자리에 결이 맺혀 혹처럼 불퉁해진 것"이라고 국립국어원의 『표준국어대사전』은 말하고 있다. 그러면 '그늘딱지'는 또 뭔가. 이것은 시인의 조어다. 굳은 것처럼 보이는 그늘진 곳이 아닌가 한다.

어쨌든 김주완의 겨울 시편인 「딱지」는 오랜 연륜의 힘이 아니고선 쓰기 힘든 시다. 그의 시가 겨울의 단계에 이르러 웅숭깊은 인생의 참맛을 느끼게 한다. 겨울은 인생에서 원숙한 노년의 단계에 해당한다.

시인의 시 가운데서도 저물어가는 해넘이의 풍경은 휘황한 사유의 이미지로 가득하다. 인간은 일쑤 죽음을 통해 삶의 완성된 경지를 깨닫는다. 그리하여 시인은 해넘이의 이미지를 통해 인생을 그윽이 바라보는 관조의 경지에 이르렀다. 다음은 가을의 풍경으로 묘파된 해넘이의 시편이다.

> 거둘 것 없어 나를 태운다. 약한 불에 타닥타닥 볶아 태운다. 동백나무 숲을 떠나온 동박새 한 마리, 써늘한 가을 저녁, 뾰족한 부리로 서녘 하늘을 찢으며 날아간다.
> ―「가을 석양 6」 전문

단아한 느낌을 준다. 가을 석양은 이 시의 원관념이다. 이 원관념에 대한 보조관념으로서 "약한 불에 타닥타닥 볶아 태운다"라는 묘사가 힘을 얻는다. 그리고 나머지의 비교적 긴 문장은 원관념의 보조관념에 대한, 또 다른 의미의 보조관념으로 자리를 잡고 있다. 가을과 석양의 이미지가 서로 잘 어울리는 것은 조락(凋落)의 이미지이기 때문일까?

> 화르르 타오르며 꺼져가는 저 불길
> 아름답다
> 차갑고 깜깜한 어둠
> 밀물처럼 몰아오기 때문이다
> 까맣게
> 지상의 모든 것 하나같이 감싸 안기에
> 부끄럽고 더럽고 사악한 것들
> 남루한 기억들 모두 다 묻어버리기에
> 꽁꽁 얼려 꼼짝 못하게 가두어버리기에
> 저 어둠, 저리 아름답고 몽롱하다
> ─「겨울 일몰 5」 전문

죽음이 삶의 완성이라면, 시인은 완성의 의미를 풍경의 완미함에서 본다. 사계의 순환성이란 관점에서 볼 때, 겨울의 해넘이가 흔히 죽음으로 말해지곤 빗대어지고는 하겠지만, 긴 터널의 어두움 끝에 봄의 소생이란 것이 기다리고 있지 않은가?

그래서 아름다운지 모른다. 사람이 죽어서 죽음이 또 다른 삶의 일부가 되는 것도 물론 아름답지 아니한가? 여기에 소멸과 생성의 원리가 자리한다. 시인의 낭만적 발상에, 시적 표현의 역발상이 가세하는 것이다. 이 역발상을 가리켜 결코 논리적으로 말해질 수 없고, 오로지 시적으로만 말해질 수 있는 기상(奇想)이라고 해도 좋다.

김수영의 어법을 빌린다면, 서정시가 죽은 시대라는 말은 수정되어야 한다. 21세기 우리 시단에는 여전히, 서정시의 본령을 지키는 시인들이 있다. 그 가운데 김주완은 낭만적 정열을 지닌, 시적 역발상의 극치를 보여준 시인으로 가장 먼저 손꼽혀야 할 것이다.

이 도서의 국립중앙도서관 출판시도서목록(CIP)은 서지정보유통지원시스템 홈페이지
(http://seoji.nl.go.kr)와 국가자료공동목록시스템(http://www.nl.go.kr/kolisnet)에서
이용하실 수 있습니다. (CIP제어번호: CIP2014028040)

시인동네 시인선 021
그늘의 정체
ⓒ 김주완

초판 1쇄 발행　2014년 10월 13일
초판 2쇄 발행　2015년 12월 11일
　　　지은이　김주완
　　　펴낸이　김석봉
　　　책임편집　이현호
　　　디자인　조동욱
　　　펴낸곳　문학의전당
　　　출판등록　제311-2012-000043호
　　　　주소　서울시 은평구 연서로11길 7-5 401호
　　　편집실　서울시 마포구 마포대로 127, 413호(공덕동, 풍림VIP빌딩)
　　　　전화　02-852-1977
　　　　팩스　02-852-1978
　　　　블로그　http://blog.naver.com/mhjd2003
　　　전자우편　sbpoem@naver.com

　　　ISBN　978-89-98096-95-3　03810

＊이 책의 판권은 지은이와 문학의전당에 있습니다.
＊양측의 서면 동의 없는 무단 전재 및 복제를 금합니다.
＊잘못 만들어진 책은 바꿔드립니다.
＊이 시집은 〈2015 세종도서 문학나눔〉 도서에 선정되었습니다.